AF224669

CE QUE VEUT LA FRANCE

LETTRES A M. LÉON GAMBETTA

Membre du Gouvernement de la Défense Nationale

PAR

A. AUDIGANNE

PARIS	**NANTES ET TOURS**
CAPELLE, Libraire-Éditeur	CHEZ
18, rue Soufflot.	TOUS LES LIBRAIRES.

1870.

Nantes, Imprimerie JULES GRINSARD, succ^r de H. CHARPENTIER

CE QUE VEUT LA FRANCE

LETTRES A M. LÉON GAMBETTA

Membre du Gouvernement de la Défense Nationale.

* * *

I

MONSIEUR LE MINISTRE,

Dans un temps comme celui-ci, où il faut agir plutôt que
parler, je ne songerais point à vous adresser cette lettre, si les
réflexions toutes pratiques qu'elle contient ne se rapportaient pas
à la politique d'action, qui doit être au plus haut degré la politique du gouvernement. Comme nous sommes, d'ailleurs,
momentanément séparés du grand centre que formait notre
glorieuse capitale et qui rayonnait sur toute la surface du territoire, il vous paraîtra tout naturel que les regards se tournent
vers l'unique point de concentration qui nous reste, celui
de la délégation pour la défense nationale. Vous y réunissez
dans vos mains les deux attributions de l'intérieur et de la
guerre, c'est-à-dire les principaux ressorts de la politique
d'action. A ce double titre, j'ai pensé que des renseignements,
tirés de l'observation des faits et pouvant jeter quelque jour sur
les dispositions, les tendances, les sentiments du pays, ne sauraient être indifférents à vos yeux. Le grand intérêt aujourd'hui,
n'est-il pas de savoir ce que veut la France.

Voilà ce qui me détermine à vous soumettre certaines indi-
cations que la nature de mes études antérieures sur la vie des
populations dans nos différentes provinces, m'ont mis à même
de recueillir. Je ne prétends pas toutefois en étendre le cercle
à toutes les contrées où je conserve des relations suivies. Non;
mieux vaut se borner. Quoique je sois autorisé à croire que
le fond des choses, sous les rapports indiqués, se ressemble

dans toute la France, je préfère m'en tenir à ceux de nos départements de l'Ouest, dont je vis le plus rapproché dans la région du bas de la Loire.

Il est, pourtant, quelques traits généraux qu'il serait impossible de passer sous silence. Ainsi, les impressions sont partout les mêmes, quand il s'agit de l'invasion étrangère. Chacun a compris que, pour sauver la patrie, il fallait faire appel à tous les courages, à tous les dévouements, à tous les sacrifices, sans acception d'opinion. Les déclarations du gouvernement de la défense nationale, en ce sens, ont obtenu un universel assentiment. C'est la France qu'il importe avant tout de rendre à elle-même, la France surprise, envahie, laissée sans armes et n'ayant pour se défendre que sa propre énergie. Les cœurs vaillants qui s'engagent dans la lutte, ne s'interrogent pas eux-mêmes sur les opinions antérieures de ceux qu'ils auront pour auxiliaires ou pour chefs.

Partout également on a considéré comme un immense avantage pour la République d'avoir servi de drapeau à ce grand mouvement national. Après la capitulation de Sedan, c'était le seul point de ralliement possible.

Dans les périlleuses circonstances où nous avons été placés, la politique de la République devait donc évidemment procéder d'une idée d'union. Hors de là, point de salut; mais je ne m'avance pas trop en affirmant que, suivant l'opinion du pays, cette même politique doit rester celle du lendemain. Il n'y en a pas d'autre qui permette au nouveau gouvernement de se constituer et de durer. Vous avez dû l'entendre ainsi, Monsieur le Ministre, lorsque vous vous êtes écrié dans votre proclamation, après votre courageuse arrivée à Tours, que « la République se faisait un devoir d'utiliser tous les courages, d'employer toutes les capacités. »

Les portes doivent effectivement demeurer ouvertes à toutes les adhésions. Il le faut bien si l'on veut atteindre la majorité des suffrages. Certes, personne ne voudrait soutenir que cette majorité eût appartenu à la République avant son avénement. La France réclamait le gouvernement du pays par le pays; elle repoussait le gouvernement personnel et le régime si désastreux des candidatures officielles qui le soutenait en l'égarant. Voilà ce que les élections de 1869 avaient mis en pleine évidence pour tous ceux qui savaient voir et comprendre. Les désirs de la majorité des électeurs n'allaient pas plus loin. L'empire s'est ensuite renversé lui-même.

Dès lors la situation a été transformée de fond en comble. C'est encore ici une impression à peu près générale. La République n'est pas sortie d'un coup de main ou de la révolte de la minorité contre la majorité; elle n'est pas née de la violence, à la suite d'une lutte soudaine et sanglante. Proclamée à Paris après un désastre sans nom, comme moyen d'ordre, de réparation et de salut, elle a été spontanément acceptée dans tous nos départements. Elle obtiendrait dès à présent bien des suffrages qui lui auraient fait défaut naguère. Il suffit d'ouvrir les yeux pour s'en apercevoir.

Le terrain se trouve ainsi parfaitement préparé pour l'idée d'une République conciliante, fondée sur l'esprit de justice envers tous, unissant le sentiment de tous les droits au respect de toutes les croyances, cherchant à donner pleine sécurité aux intérêts et pleine satisfaction aux aspirations légitimes. A coup sûr, c'est là un point considérable; ce n'est pas tout néanmoins. Il reste à montrer qu'une telle République est possible, comme j'en demeure convaincu moi-même, et à faire comprendre de plus en plus aux populations les avantages qu'elle leur garantirait. Or, tout cela suppose la conquête morale, la conquête des esprits et des cœurs, ou, en d'autres termes, la politique d'union dont je parlais tout-à-l'heure, qui n'aura rien d'exclusif, qui regardera l'avenir plutôt que le passé. Aux souvenirs qui divisent, substituer les espérances qui rapprochent, en voilà le programme sommaire mais exact.

D'un commun accord, on a regardé comme un préliminaire essentiel des idées de conciliation, le décret relatif à l'ajournement des élections pour l'Assemblée constituante. La lutte électorale ne pouvait manquer de raviver des germes de division. On n'était pas prêt pour cette épreuve, surtout en présence de l'ennemi. Les divers éléments qu'embrasse une société aussi longtemps tourmentée que la nôtre, s'agitaient au hasard. Il fallait une solution de continuité pour permettre aux esprits de se recueillir, de se rendre compte de la position nouvelle et de prononcer un jugement équitable.

Pour le moment, tout ce qui aurait porté atteinte à l'union des forces, aurait coûté un sacrifice à la délivrance nationale. Au sujet de cette unité d'action si impérieusement réclamée par l'état des choses, la pensée publique ne saurait trop se reporter vers l'exemple que nous donnait naguère une puissante République, soudainement poussée au bord d'un abîme, la République de l'Amérique du Nord. Les Etats qui défendaient le principe de la liberté humaine, en face de l'odieuse pratique de l'esclavage, s'étaient donnés tout entiers à la tâche de maintenir intacte la Confédération, premier berceau de leur grandeur. Ils n'avaient point éparpillé leurs ressources au gré des partis qui les divisent en temps ordinaire. Ils n'avaient eu qu'un esprit et qu'un but, et ils ont remporté la dernière victoire.

Pour nous, l'esclavage, c'est l'invasion étrangère. Il n'y a là-dessus dans l'opinion qu'un seul cri, procédant de ces tendances générales auxquelles je faisais allusion en commençant, et qui semble les dominer toutes.

J'allongerais trop cette lettre, si je voulais y relater les traits particuliers recueillis dans les régions qui m'avoisinent. Je vous demande la permission de les réserver pour une autre fois, heureux d'ailleurs si ces premières réflexions vous paraissent répondre à la pensée qui vous anime pour le bien de la patrie.

Chanteloup (Loire-Inférieure), le 20 octobre 1870.

II

MONSIEUR LE MINISTRE,

Dans nos régions de l'Ouest, où j'en étais arrivé l'autre jour, d'anciens souvenirs et quelques faits récents pourraient aisément donner lieu à de fausses interprétations.

Ce n'est pas toutefois sur l'adhésion accordée au gouvernement de la défense nationale, ni sur la nécessité d'une politique active et vigoureuse, qu'il y aurait place pour la moindre hésitation. Non, assurément. La preuve en serait au besoin dans le départ et dans l'attitude de nos hardis volontaires qui appartiennent à tous les partis. Tels vous avez vu nos mobiles, nos marins, nos francs-tireurs, à Paris, dans les forts de la capitale, à Orléans ou à Châteaudun, tels vous trouvez nos gardes nationaux mobilisés ou sédentaires, avec un même esprit et un même dévouement, en face de l'invasion ennemie.

Le doute peut-il s'élever au contraire sur les dispositions concernant l'établissement de la République? Il faut avouer d'abord, car il ne servirait à rien de s'aveugler sur le passé, que le mot République soulevait naguères au milieu de nos populations rurales de réelles appréhensions. Mais pourquoi? C'est qu'on y rattachait des idées d'agitation, de désordre, d'incertitude pour le travail, et pour la vente des produits, et des menaces de bouleversement social. Triste escorte que des esprits prévenus ne séparaient point d'un gouvernement républicain.

En présence de cette confusion, on se demande assez naturellement si les volontés, les mouvements, les suffrages des masses ne vont pas se trouver à la discrétion d'influences hostiles dans le solennel scrutin de la Constituante. Quelles sont donc ces influences? Peuvent-elles raisonnablement se croire en mesure de saisir le gouvernement du pays? Voilà bien la question pratique, la question pendante.

Nommons d'abord le parti légitimiste, si fidèle à ses doctrines dans nos régions, et dont je ne puis parler qu'avec respect. Eh bien! de ce côté-là, en se montrant mesuré et conciliant, on peut rendre de précieux services à la société; mais pour prendre la place de la République, où sont les forces effectives? Avec nos tendances actuelles, les proclamations, les appels, les manifestes en ce sens-là sont d'avance condamnés à demeurer aujourd'hui sans écho et sans réponse.

Il suffit d'avoir un peu vécu dans nos campagnes pour reconnaître en outre combien il serait facile d'y raviver les rancunes contre l'ancien régime. Priviléges, dîmes, droits féodaux, toutes ces vaines évocations du passé, auraient encore cependant une puissance extrême sur les masses rurales. Ne s'en est-on pas servi déjà contre les individualités les plus illustres et les plus libérales du parti légitimiste? Malgré des défiances aussi vivaces, malgré les visibles élans de l'opinion, vouloir réagir contre la République par une démonstration immédiate en faveur de la monarchie de droit divin, c'est une illusion que les esprits politiques du parti ne sauraient partager. La mer où flotterait cette barque hasardeuse n'aurait pour elle que des flots irrités et des rivages inhospitaliers. — Libre à chacun de se réserver l'avenir. Les légitimistes ont ce droit-là comme tout le monde; mais les impossibilités présentes ne sauraient être sérieusement contestées par personne.

Vous oubliez, va-t-on peut-être objecter, que le clergé des départements de l'Ouest est légitimiste, et qu'il peut mettre son influence religieuse au service de son opinion politique. La réponse est facile, sans qu'il soit nécessaire de contester le fait relatif aux tendances du clergé. On avouera qu'entre ce fait et la résolution de se jeter tête baissée dans la lutte, il y a un abîme. Le clergé sait voir et comprendre. Il connaît l'esprit des populations, et la réserve que lui imposent les intérêts de son ministère. Il n'ignore point combien, au point de vue de la dépendance politique, les dispositions ont changé dans nos campagnes depuis une vingtaine d'années. « Nous sommes les pasteurs de tous, » répondait, assure-t-on, en 1869, le dernier évêque de Nantes à des personnages qui le pressaient de se prononcer contre les candidats indépendants. Cette sage parole restera comme un mot d'ordre. La République n'est pas plus que la monarchie incompatible avec la religion. On peut croire sans témérité que, dans les élections prochaines, le clergé n'abdiquera point la circonspection convenant à son caractère, et que la situation commande impérieusement.

Les Orléanistes qui comptent, dans nos villes de l'Ouest, des représentants convaincus et expérimentés, paraîtraient, au premier abord, placés dans de bonnes conditions pour aborder l'arène électorale. Ils reconnaissent, en effet, le principe de la souveraineté nationale. Autrement, leur opinion perdrait toute raison d'être, au point de vue des doctrines politiques; elle ne

serait plus qu'un expédient de circonstance. Il est donc fort
logique, pour les Orléanistes, d'accepter par avance, comme ils le
déclarent, la résolution de la Constituante. Seulement, à moins
de fermer les yeux à la lumière, on doit reconnaître qu'ils ont
peu de moyens d'action, d'une part, sur les populations ouvrières
des villes, et, d'autre part, sur la masse des électeurs ruraux.

Que penser maintenant d'une dernière influence contraire à
la République, celle de l'élément impérialiste? Est-elle en mesure d'empêcher la République de s'établir et de s'asseoir?
Dès l'abord, la supposition paraît étrange. En vain, on allé-
guerait, après les fautes et les désastres de la guerre actuelle,
les votes plébiscitaires du mois de mai dernier. Ce serait se
méprendre complétement sur le sens et la portée des suffrages.

Certes, je ne saurais être suspect d'avoir ici un parti pris
d'avance. Vous avez pu remarquer dans ma première lettre,
monsieur le ministre, que je ne me suis point donné pour ce
que je n'étais pas. Comme candidat indépendant aux élections
de 1869, je n'avais point la pensée de renverser le gouvernement d'alors. J'étais très-sincèrement pour l'abolition du pouvoir
personnel, pour le gouvernement du pays par le pays et
l'abandon des candidatures officielles. Malgré les déceptions
éprouvées, je n'hésite point à déclarer qu'avec le centre gauche
auquel je m'étais ouvertement rattaché, j'ai eu confiance dans
les réformes libérales accomplies par la loi. J'ai cru qu'il
fallait les soutenir pour les développer. Lors du plébiscite même,
je suis resté fidèle à mon parti. J'avais cru toutefois, en l'état
des choses, devoir m'imposer la loi rigoureuse de ne donner de
conseil à personne. Et qu'on ne dise pas que le centre gauche
se soit laissé duper. La transformation était pour l'empire une
condition absolue de salut; on ne pouvait point supposer le
suicide.

Je me trouve donc dans une excellente situation, je le crois,
pour élever ici une voix impartiale sur le plébiscite, et pour
en ramener le vote à sa véritable signification. Dans nos campagnes où il a passé sans aucun obstacle, les votants se divi-
saient en deux classes. A côté des plus ignorants qui suivaient
à l'aveugle l'impulsion donnée par l'autorité locale, il y en avait

d'autres qui se dirigeaient par leurs propres réflexions. Que dire des premiers, si ce n'est qu'on leur avait fait accroire qu'en déposant un bulletin affirmatif, ils se prononçaient pour la paix et le bon ordre, qui font marcher les affaires et qui permettent au laboureur d'écouler avantageusement ses denrées. Le niveau s'élève avec la seconde division dans laquelle se rangeaient bon nombre de cultivateurs ayant reçu une certaine instruction et toute la petite bourgeoisie de nos districts ruraux. Déjà favorables au mouvement d'idées qui avait éclaté l'année précédente, ces derniers électeurs entendaient confirmer les réformes conquises par les courageuses et imposantes minorités de 1869.

Ce dernier groupe, en temps ordinaire, entraîne l'autre à sa suite. Disséminés sur toute la surface du territoire, les hommes qui le composent sont la fidèle expression des tendances raisonnées des masses. Or, à l'heure qu'il est, leur confiance anéantie et leur patriotisme indigné opposent un obstacle invincible à toute tentative de réaction impérialiste. La République doit tenir à conquérir leur concours, car ils forment la majorité. Ils en sont du moins le solide noyau. Ils ont une large représentation dans nos cités les plus populeuses. L'empire aurait dû voir dans l'adhésion que ce groupe avait donnée, la consécration d'un mouvement libéral, sur lequel il devait d'autant moins se méprendre qu'il avait mis naguères en œuvre tous les moyens imaginables pour le contenir et l'étouffer. Son erreur a été complète. Ce qui devait fortifier est ainsi devenu une cause de rapide affaiblissement. Il a cru qu'il pouvait tout, tandis que le plébiscite ne faisait que lui créer de plus rigides devoirs envers le pays et envers la liberté. Ajoutons qu'aux yeux de la masse des électeurs, l'empire avait le mérite d'exister, et le fait même de son existence leur semblait écarter l'inconnu qu'ils redoutaient. Aujourd'hui, cette même disposition des esprits tourne contre un pouvoir qui a disparu dans des conditions lamentables, connues de nos moindres hameaux.

Cette analyse exempte de toute prévention, permet d'affirmer qu'à l'exception des individus qui avaient directement ou indirectement dans le système une position regrettée, on ne trouverait pas chez nous une poignée d'hommes à rêver une restauration impérialiste. Encore en est-il parmi ceux-là qui crient bien haut, trop haut peut-être eu égard à leur conduite passée, contre les fautes du dernier gouvernement.

Ainsi les influences hostiles se ramènent d'elles-mêmes à leurs justes proportions. On peut juger désormais qu'il n'est point difficile pour une République conciliante, modérée, équitable, de dissiper dans nos campagnes de l'Ouest les confusions accréditées par l'ignorance et dont je parlais au début. Elle aura beaucoup moins de peine qu'on ne le suppose à s'y faire accepter. Déjà la République a vaillamment soutenu le drapeau de la France, dans une situation presque désespérée, contre l'invasion étrangère. Elle a suivi la seule politique qui puisse conduire à une paix honorable. Elle offre un point de ralliement où l'on peut éviter les horreurs de la guerre civile et prévenir les angoisses de la misère. Autant de titres incontestables aux yeux de nos valeureuses et laborieuses populations. La République a donc son avenir entre les mains. Que faut-il faire pour assurer cet avenir, quand le moment sera venu, par les élections de la Constituante? C'est ce dernier point que je me propose d'examiner et de soumettre à vos lumières.

Chanteloup (Loire-Inférieure), le 27 octobre 1870.

III

Monsieur le Ministre ,

Les douloureuses épreuves que traverse la France font de plus en plus sentir combien il importe d'élever certains grands intérêts au-dessus des divisions de parti. Instinctive ou réfléchie, cette idée gagne chaque jour du terrain dans la masse de la population. Ce n'est pas seulement pour assurer la défense nationale, c'est encore pour garantir la sécurité sociale qu'on réclame le même accord et la même prévoyance.

On conçoit, sans avoir besoin de longs raisonnements, que la sécurité sociale, c'est le respect du droit de chacun, c'est la justice envers tous, c'est la digue contre l'arbitraire et l'oppression. La défense nationale, c'est le salut du présent; la sécurité sociale, c'est le salut du lendemain.

En demandant que les partis s'effacent devant des intérêts aussi sacrés, je n'entends pas leur demander de s'immoler eux-mêmes, par une abnégation qui serait peu conforme à la nature des choses. Non; mais il y a des moments où l'abnégation n'est plus qu'un bon calcul, où elle devient une condition d'existence. Nous sommes précisément à l'un de ces moments-là. Pour ma part, je l'avoue, lorsque je m'attachais à constater la force relative des différentes opinions dans nos contrées de l'Ouest, je voulais précisément arriver à faire pressentir comment chacune d'elles peut contribuer à procurer au pays les biens essentiels de toute société régulière. Plus j'écoute, plus je regarde, plus j'observe, et plus je demeure convaincu que c'est là ce que la France veut avant tout. Si elle se prononce visiblement pour la République conciliante, sage, modérée, guidée par le sentiment du droit et de la liberté, c'est qu'elle voit qu'il lui serait impossible de trouver, à l'heure qu'il est, sous un autre régime, la satisfaction de ses plus impérieux besoins. Cela est vrai; et ceux qui ont en horreur la guerre civile et la trahison ne peuvent songer à prendre sa place.

Telles sont les pensées qui devront dominer dans les élections de la Constituante. Si le résultat répond à cette politique, le monde, qui regarde avec étonnement nos malheurs inattendus, reconnaîtra que la France est encore plus grande que ses revers.

Conciliation, justice et liberté, ces trois mots me paraissent résumer fidèlement les aspirations du pays pour les élections futures. Tandis que les deux derniers se font comprendre d'eux-mêmes, le premier appelle quelques explications.

Parler de conciliation, c'est vouloir d'abord que les portes demeurent ouvertes à toutes les adhésions. La République n'est point une arène qu'on puisse mûrer ou rétrécir, suivant ses caprices. Il n'y a pas à demander à ceux qui se présentent s'ils datent de la veille ou du lendemain. Dans la lutte engagée contre l'invasion, on ne dit pas à celui qui part, à celui qui combat, à celui qui fait le sacrifice de sa vie : Halte-là! tu n'étais pas républicain l'an dernier. De même dans la vie civile et politique, point d'exclusion et point de petite église.

Il est une seconde condition qui dépend des électeurs eux-mêmes. Celle-là ne serait point remplie, si chacun des grands partis qui nous divisent ne pouvait pas faire entendre sa voix, c'est-à-dire s'il était privé de toute représentation au sein de l'assemblée qui doit décider des destinées de la France. La discussion n'y paraîtrait pas complète; l'autorité des résolutions prises y serait affaiblie. Certes, la Constituante ne doit pas nous offrir un vaste amalgame d'opinions disparates, où s'entasseraient tous les antagonismes, où l'on parlerait toutes les langues sans se comprendre mutuellement, comme jadis auprès de la tour de Babel. Non, tant s'en faut. Or, le moyen le plus sûr d'éviter la confusion, c'est de laisser aux différents partis leurs chefs naturels, leurs représentants les plus éclairés et les plus autorisés. Dans presque tous nos départements, chaque opinion compte des individualités plus ou moins saillantes qu'on ne devrait même pas essayer d'écarter. Le concours de leur autorité, de leur expérience des affaires, de leurs connaissances spéciales, qui donnera toujours du relief aux délibérations, trouvera, en maintes circonstances, l'occasion de s'exercer utilement. Il suffit qu'une majorité incontestable appartienne à l'idée de la République, surtout si elle est composée d'hommes expérimentés, énergiques et calmes.

En comprenant ainsi l'esprit de conciliation, on sera d'ailleurs plus naturellement conduit à réagir contre l'une des tendances les plus fâcheuses du scrutin de liste. Avec ce mode de votation, rien ne serait plus facile que de glisser à la suite de quelques noms vraiment indiqués, — et cela grâce à de petits arrangements de coterie ou à de petites compétitions entre les localités, — d'autres noms qui tomberaient sous le ridicule s'ils osaient affronter le grand jour d'une candidature individuelle.

Le succès des médiocrités était favorisé naguères par le déplorable système des candidatures officielles ; il ne le serait guères moins, si l'on n'y prenait garde, par le mode du scrutin de liste.

On a pu voir ce qu'a coûté au dernier gouvernement le triomphe des médiocrités qui a tant servi à l'égarer et à le perdre. Le péril serait égal s'il devait se produire au sein de notre future Assemblée. Il la livrerait au désordre, aux divagations, aux pertes de temps, que provoquent toujours des esprits superficiels, insuffisamment munis pour la discussion des grands intérêts de la vie sociale, politique et économique.

C'est là une des considérations pour lesquelles, dès ma première lettre, j'avais fortement applaudi à l'ajournement des élections. Chacun avouera qu'on n'avait pas eu le temps de se préparer à cette opération si délicate et si scabreuse. On avait été forcé d'agir avec une évidente précipitation. Ce n'était pas la faute des hommes, mais celle des circonstances. Quoiqu'on eût fait de son mieux, le mal n'en existait pas moins.

Pour trois ou quatre départements de l'Ouest, j'ai eu connaissance de douze ou quinze listes publiées déjà ou seulement préparées. Eh bien ! je le déclare en toute sincérité, à part une ou deux peut-être, toutes témoignaient des distractions que les événements avaient jetées dans les esprits. Quelques-unes, par un esprit exclusif, méconnaissaient les sentiments, les idées, les susceptibilités de la grande masse des électeurs. D'autres s'étaient ouvertes à des choix pour la plupart complétement arbitraires. Pourquoi ceux-ci et pas ceux-là, pouvait-on se demander. Le fait est qu'on aurait pu remplacer tel ou tel candidat par vingt, par cent autres qui possédaient des titres au moins équivalents.

Dans notre pays de l'Ouest, où les activités sont généralement dirigées vers des applications sérieuses, le nombre est grand de ceux qui pourraient, à un titre ou à un autre, rendre de réels services dans une assemblée. Cependant il y a toujours là une question de mesure. Une bonne liste doit porter en elle-même, pour les électeurs, la raison des préférences accordées.

Faut-il ajouter qu'on n'avait pas toujours tenu suffisamment compte des arrondissements de sous-préfecture ; on ne les avait pas sérieusement consultés ou bien on ne leur avait pas fait une part proportionnée à leur importance relative et aux ressources qu'ils présentent. Il arrivait d'autres fois que les candidatures s'étaient éparpillées au point de devenir de véritables candidatures de canton ou même de commune. Ailleurs, au contraire, tout lien positif manquait entre le nom choisi et l'arrondissement auquel on prétendait le rattacher. Ainsi, l'espèce d'improvisation à laquelle on avait été contraint de se livrer n'avait pas permis, en général, de pousser assez loin les recherches sous le rapport des garanties inhérentes aux études faites, à l'expérience acquise, à la maturité de l'esprit, à la gravité des applications antérieures, à l'entente des affaires, en un mot à la compétence exigée pour une aussi haute mission que celle d'une Constituante.

Tout en cherchant à réagir contre l'abaissement de niveau dans la future représentation, qui eût été la conséquence de choix trop hâtés, il ne faudrait pas se plaindre de voir surgir un si grand nombre de candidats; il faut plutôt s'en applaudir. C'est l'indice d'un retour vers cette vie publique trop longtemps assoupie parmi nous. Il importe seulement que les électeurs sachent opposer une digue au débordement. Nouvelle et impérieuse raison, avec le scrutin de liste, pour procéder à une large consultation préliminaire, sans laquelle la liberté du vote serait absolument paralysée, puisque rien n'est possible en dehors des listes. — Là-dessus, on est réduit à choisir la combinaison qui offre le plus de chances, sans prétendre arriver à un mode tout-à-fait rassurant. J'entends les meilleurs esprits conseiller l'installation d'un comité central au chef-lieu de chaque département et celle de comités locaux aux chefs-lieux de canton. On ne peut qu'approuver cette proposition, pourvu qu'on donne la plus grande publicité possible aux candidatures, et le plus large essor à la discussion des titres.

La discussion en cette matière ne saurait être trop libre. Quand on aspire à l'honneur d'obtenir la confiance de ses concitoyens, on doit être prêt à toutes les investigations, et savoir se placer au-dessus de toutes insinuations malveillantes.

Ce n'est pas à vous, Monsieur le Ministre, qu'il faut demander que l'action administrative reste désormais étrangère à ces compétitions et à ces débats. Après les justes critiques dont le régime électoral des vingt dernières années a été l'objet, l'honneur de la République est engagé à garantir la pleine indépendance de l'électeur. Tout gouvernement qui veut se murer sur lui-même, en imposant des candidats de son choix, est un gouvernement perdu, parce qu'il reste en dehors des mouvements de l'opinion publique. Personne ne saurait nier que ce fut là l'erreur de l'empire. Voyez ce qui s'est passé aux élections de 1869 comme aux élections précédentes : il se cramponnait aux vieux candidats officiels datant de 1852, comme s'il prenait ombrage de tout ce qui était jeune, de tout ce qui était nouveau, de tout qui avait de l'avenir.

Sans dédaigner les expériences du passé, le gouvernement doit savoir désormais tourner les regards sur les espérances du lendemain. La République, c'est tout le monde. L'exclusion systématique serait en contradiction manifeste avec son principe, et même avec son nom. C'est en acceptant toutes les adhésions qu'elle se renouvelle, qu'elle se fortifie, qu'elle se perpétue.

Telles sont, Monsieur le Ministre, les tendances que je vois éclater autour de moi ; les divers renseignements qui me sont parvenus de plus loin attestent les mêmes dispositions. C'est le grand parti libéral et national qui prend conscience de lui-même, et qui doit assurer l'affermissement de la République, en propageant la confiance qu'elle a besoin d'inspirer, et en ramenant une paix honorable qu'aura su préparer la vigueur du gouvernement de la défense nationale. Il est à croire que ce parti saura choisir ses hommes et produire ses listes. Pour le moment, l'assentiment public me semble devoir être pleinement acquis, lors des élections prochaines, dans l'intérêt de la paix sociale, à ce programme dont je répète, en finissant, la formule : Conciliation, justice et liberté.

Agréez, je vous prie, Monsieur le Ministre, etc.

A. AUDIGANNE.

Chanteloup (Loire-Inférieure), le 3 novembre 1870.

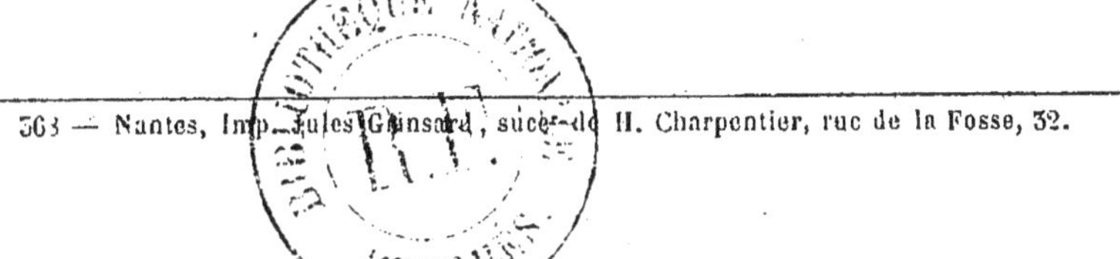

563 — Nantes, Imp. Jules Grinsard, succr de H. Charpentier, rue de la Fosse, 32.